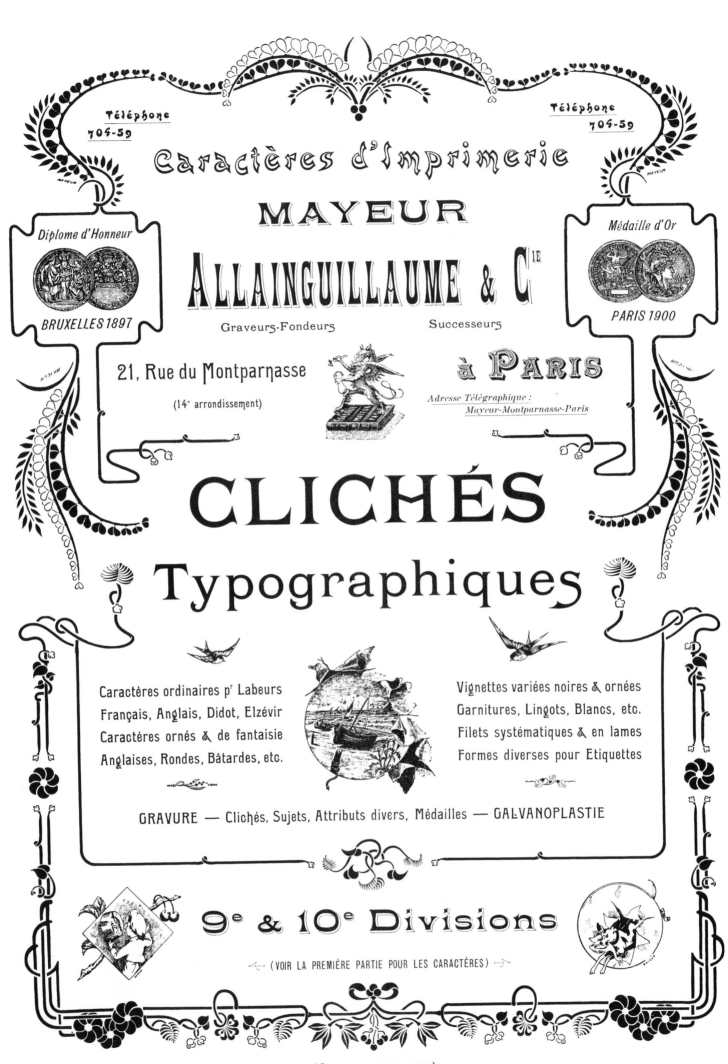

Téléphone
704-59

Téléphone
704-59

Caractères d'Imprimerie

MAYEUR

ALLAINGUILLAUME & Cie

Graveurs-Fondeurs   Successeurs

Diplome d'Honneur
BRUXELLES 1897

Médaille d'Or
PARIS 1900

21, Rue du Montparnasse
(14e arrondissement)

à PARIS

Adresse Télégraphique :
Mayeur-Montparnasse-Paris

CLICHÉS

Typographiques

Caractères ordinaires pr Labeurs
Français, Anglais, Didot, Elzévir
Caractères ornés & de fantaisie
Anglaises, Rondes, Bâtardes, etc.

Vignettes variées noires & ornées
Garnitures, Lingots, Blancs, etc.
Filets systématiques & en lames
Formes diverses pour Etiquettes

GRAVURE — Clichés, Sujets, Attributs divers, Médailles — GALVANOPLASTIE

9e & 10e Divisions

(VOIR LA PREMIÈRE PARTIE POUR LES CARACTÈRES)

{ORIGINAL TITLE PAGE}

3200 OLD-TIME CUTS AND ORNAMENTS

Edited by Blanche Cirker

Dover Publications, Inc.
Mineola, New York

Bibliographical Note

This Dover edition, first published in 2001, is a new selection of 107 plates from Allainguillaume J. Saling & Cie.: *Clichés Typographiques,* Paris, ca. 1909. The original catalog numbers have been deleted.

DOVER *Pictorial Archive* SERIES

Library of Congress Cataloging-in-Publication Data

Allainguillaume & cie.
  [Clichés typographiques. Selections]
   3200 old-time cuts and ornaments / edited by Blanche Cirker.
     p. cm. — (Dover pictorial archive series)
   A new selection of 107 plates from Allainguillaume & Cie.: Clichés typographiques, Paris, ca. 1909.
    ISBN 0-486-41732-8 (pbk.)
    1. Clip art. 2. Printers' ornaments. I. Title: Thirty-two hundred old-time cuts and ornaments. II. Cirker, Blanche. III. Title. IV. Series.
NK1530 .A275 2001
741.6—dc21
                                                    2001028307

Manufactured in the United States of America
Dover Publications, Inc., 31 East 2nd Street, Mineola, N.Y. 11501

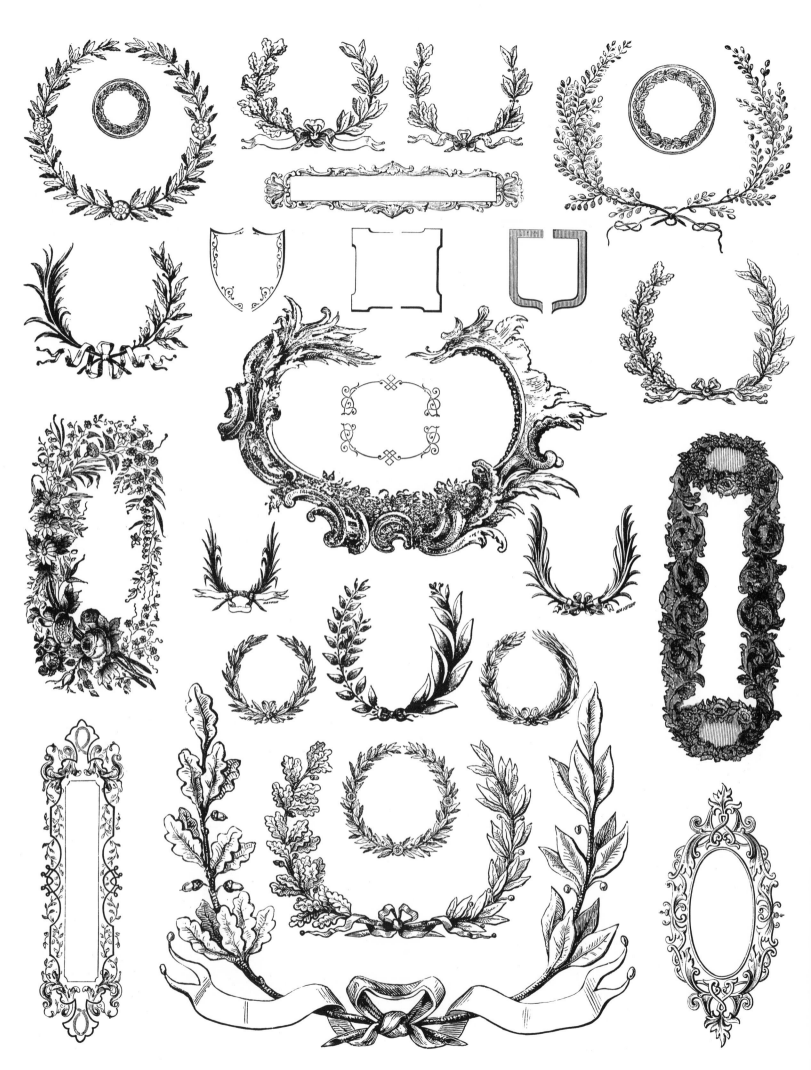

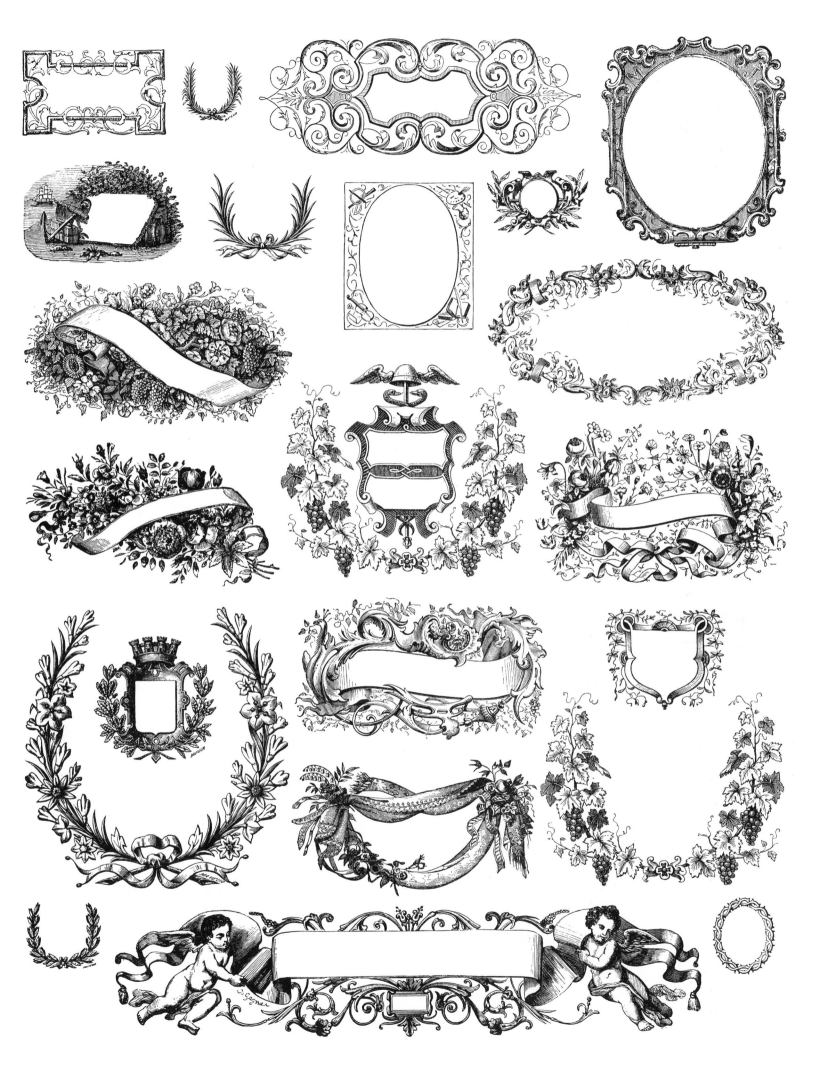

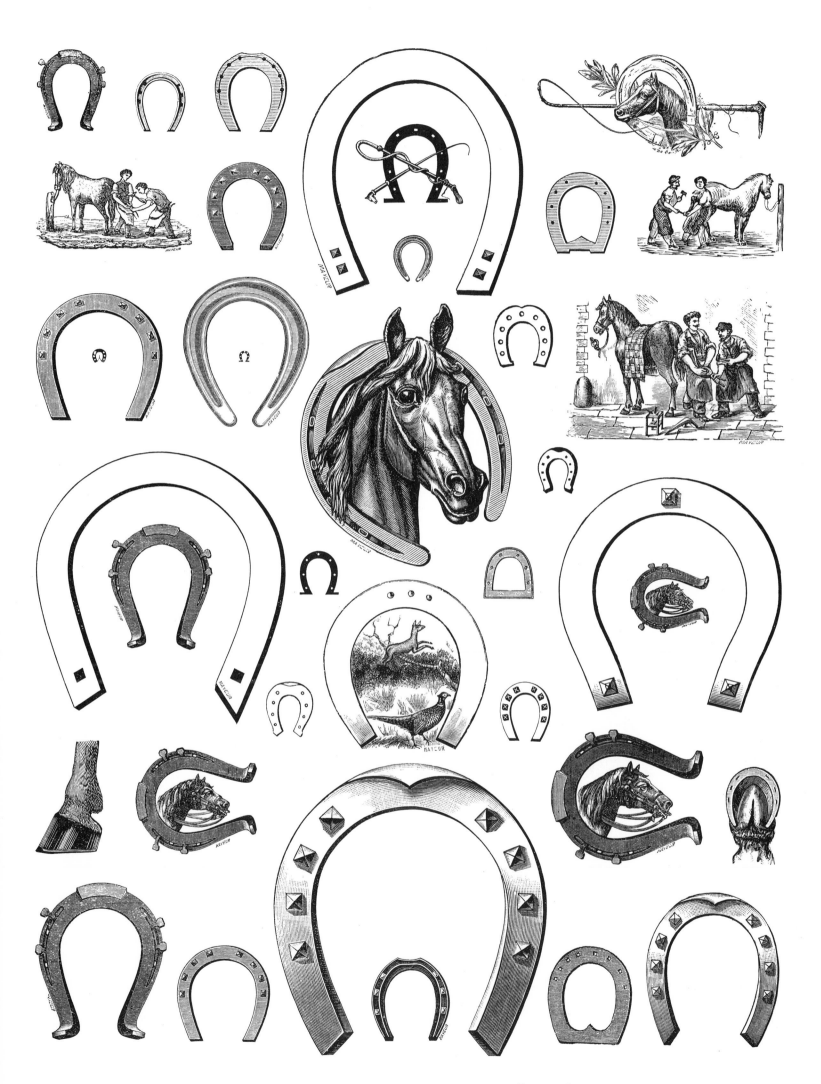

Têtes-de-Chapitre
& Culs-de-Lampe

Sujets Faire-Part & Religieux

SUJETS MARITIMES

Médailles & Armoiries

ATTRIBUTS DE COMMERCE

ALLAINGUILLAUME & Cie

· SUCCESSEURS ·

A G

A
L'ALLIANCE
Franco-Russe

TOILES & LINGERIE

Bonneterie

TROUSSEAUX LAYETTES

Confections

Téléphone

B AL

Fabrique de Bouchons

LIÉGES EN GROS

L. DESMARAIS

25, Rue du Plessy, 25

· VICHY-CUSSET ·

EXPORTATION

FERDINAND ·

Spécialité

de

Gants en Chevreau

SUÈDE & CASTOR

Cravates & Foulards

COMMISSION

& EXPORTATION

ARTICLES
DE GENÈVE

Dorure et Argenture

BIJOUTERIE

Petite Miroiterie

MÉDAILLE   D'OR
Exposition 1889

Marbrerie Artistique

Escaliers

Autels & Tombeaux

Plaques

Carrelages & Revêtements

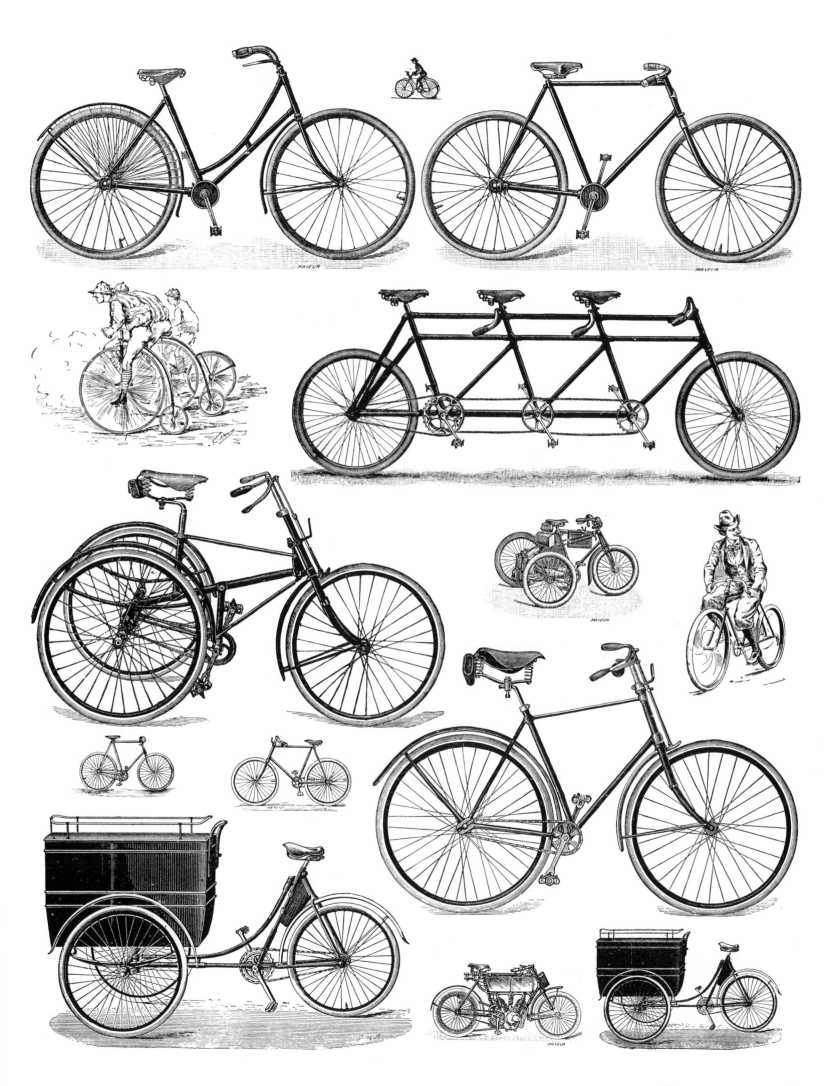

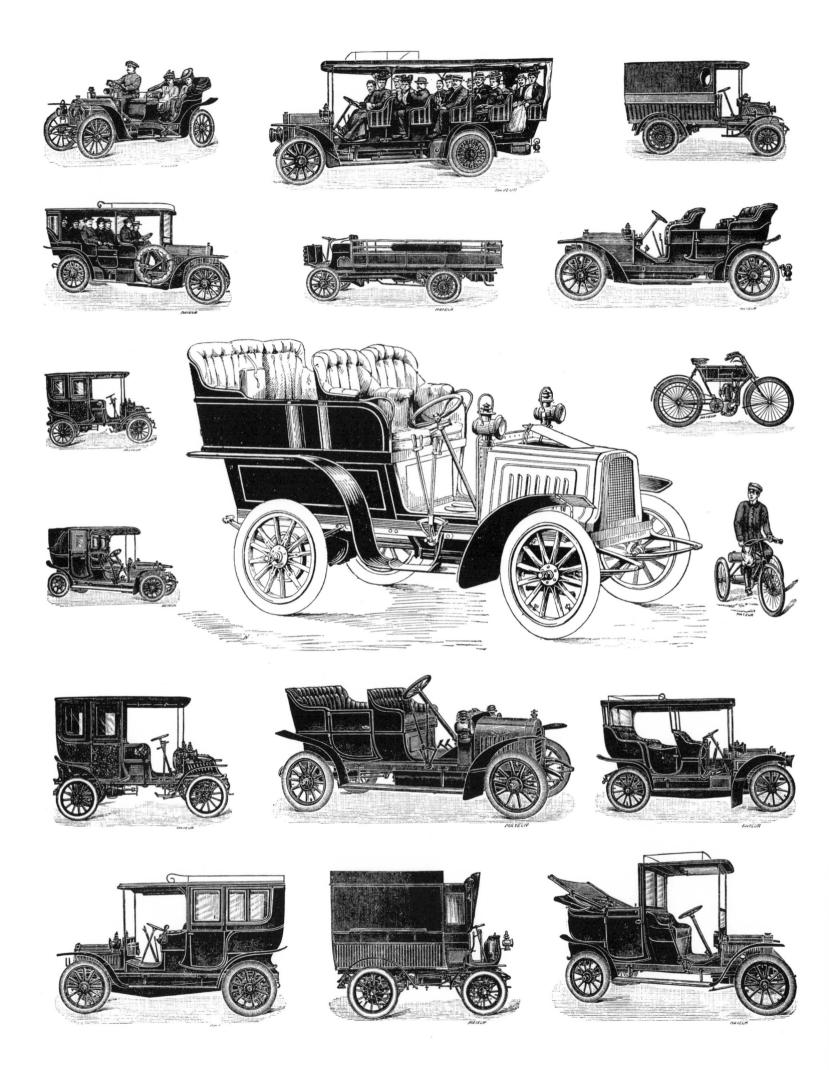

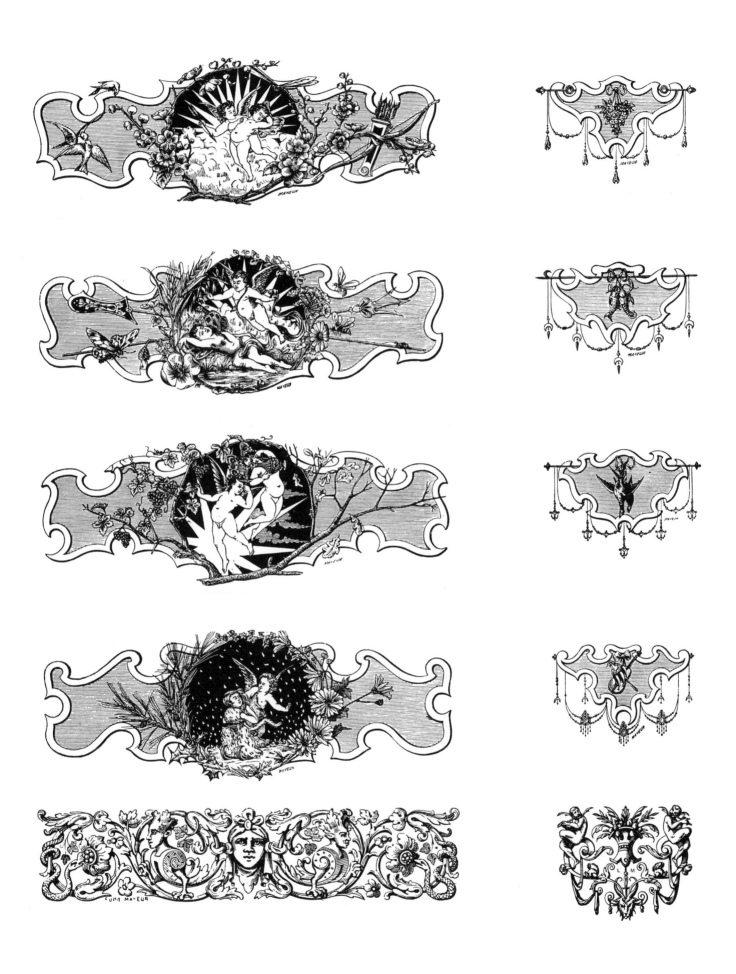

Applications ~~~~~~~~~~

d'Art Moderne ~~~

Applications ❧
d'Art Moderne

La Sainte Famille

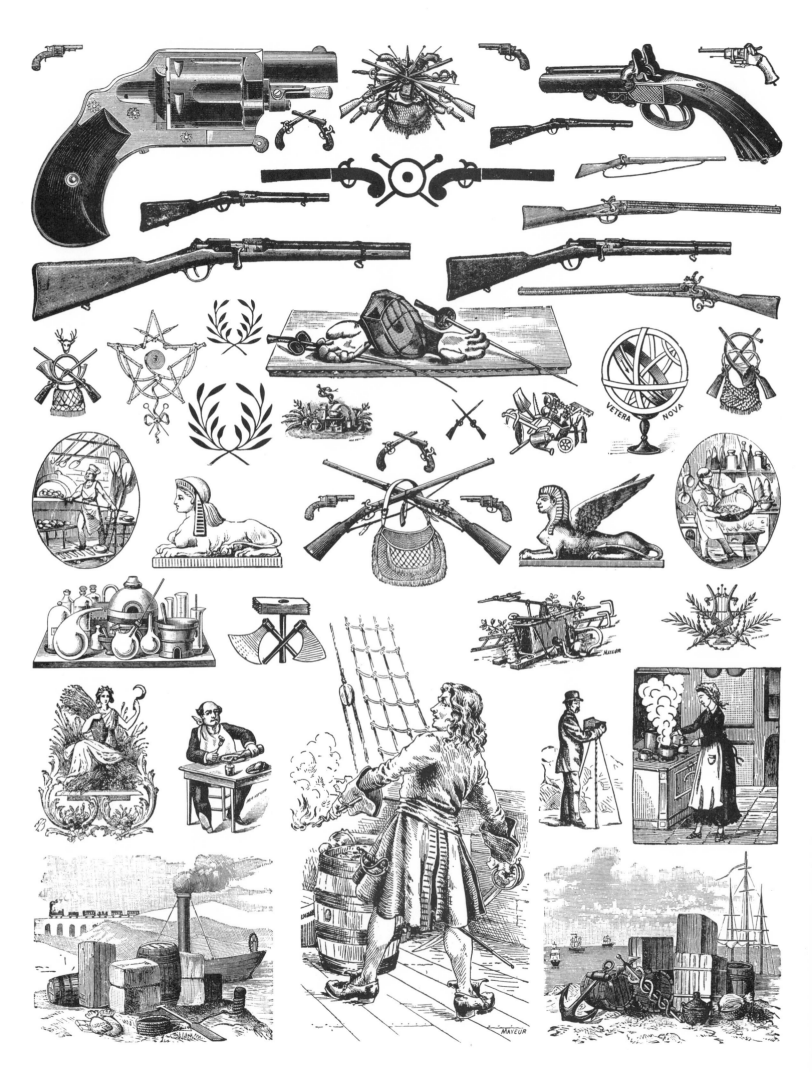

France et Angleterre

France et Norwêge

France et Turquie

Vue d'Usine

Vue d'Usine

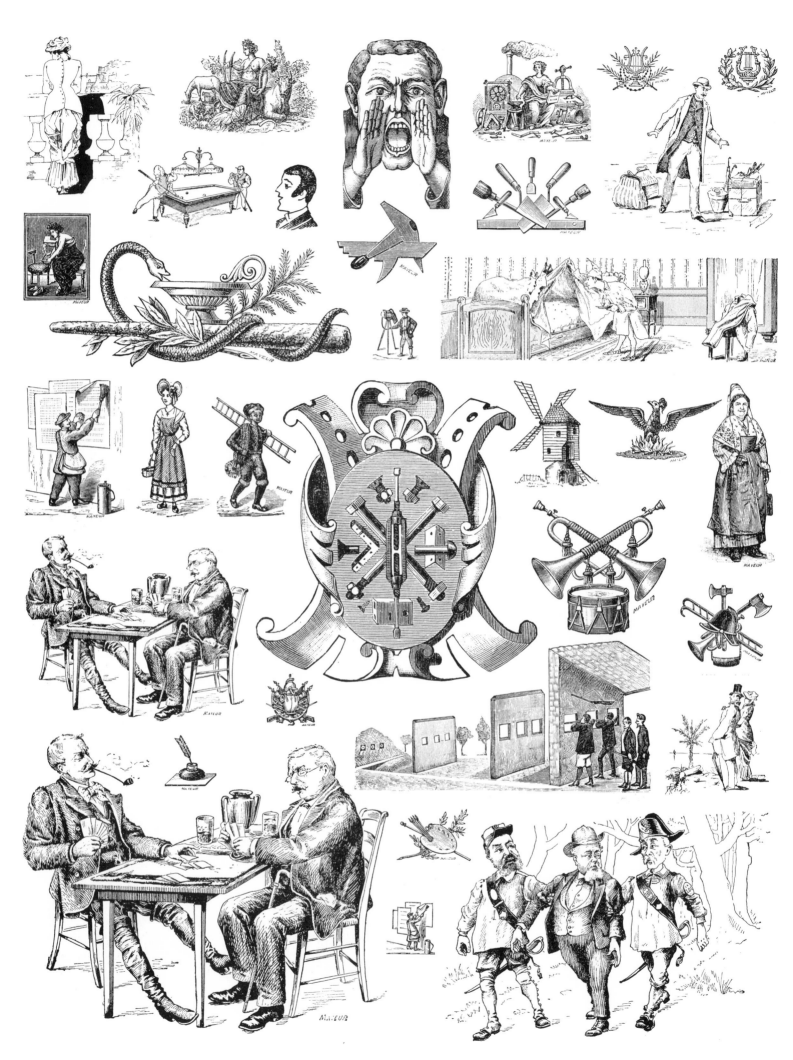

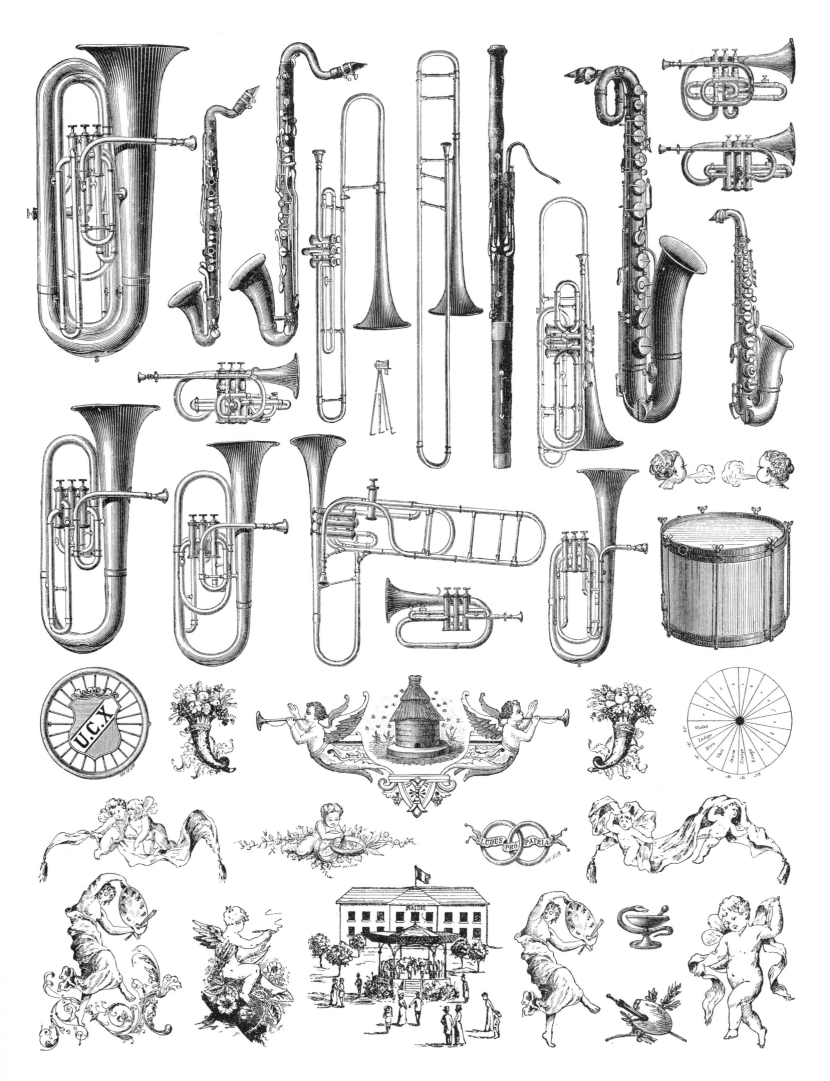

EB

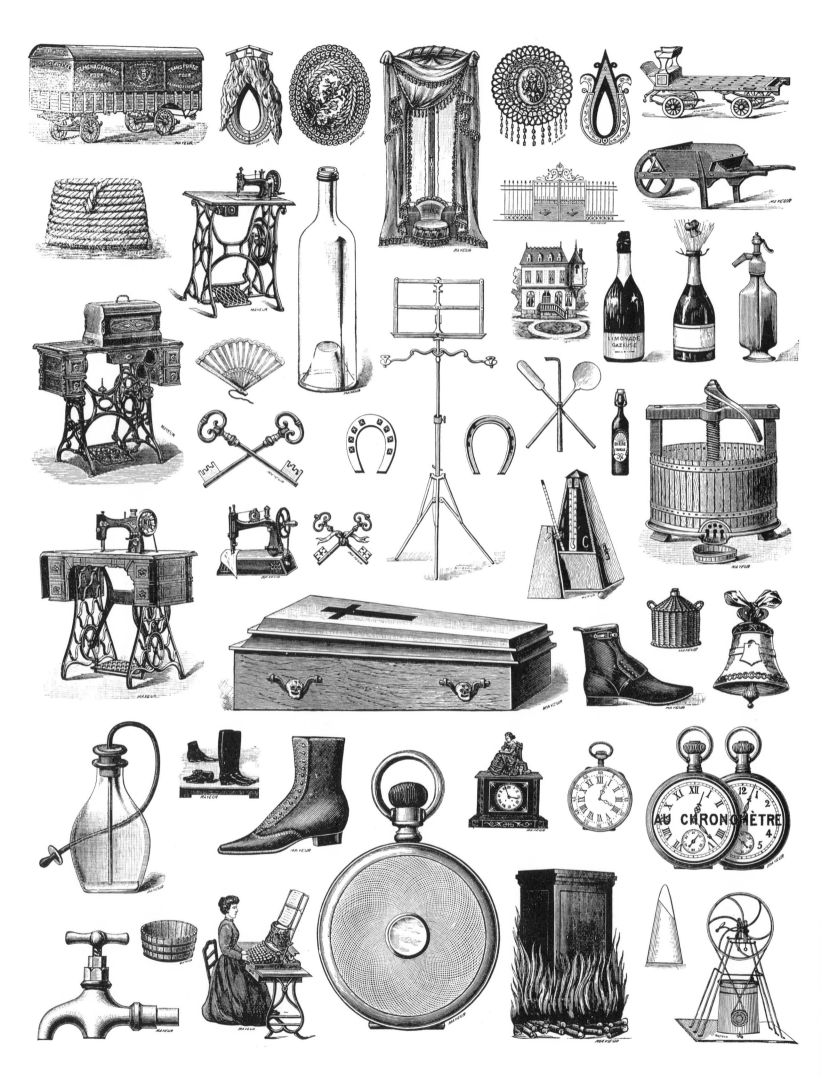

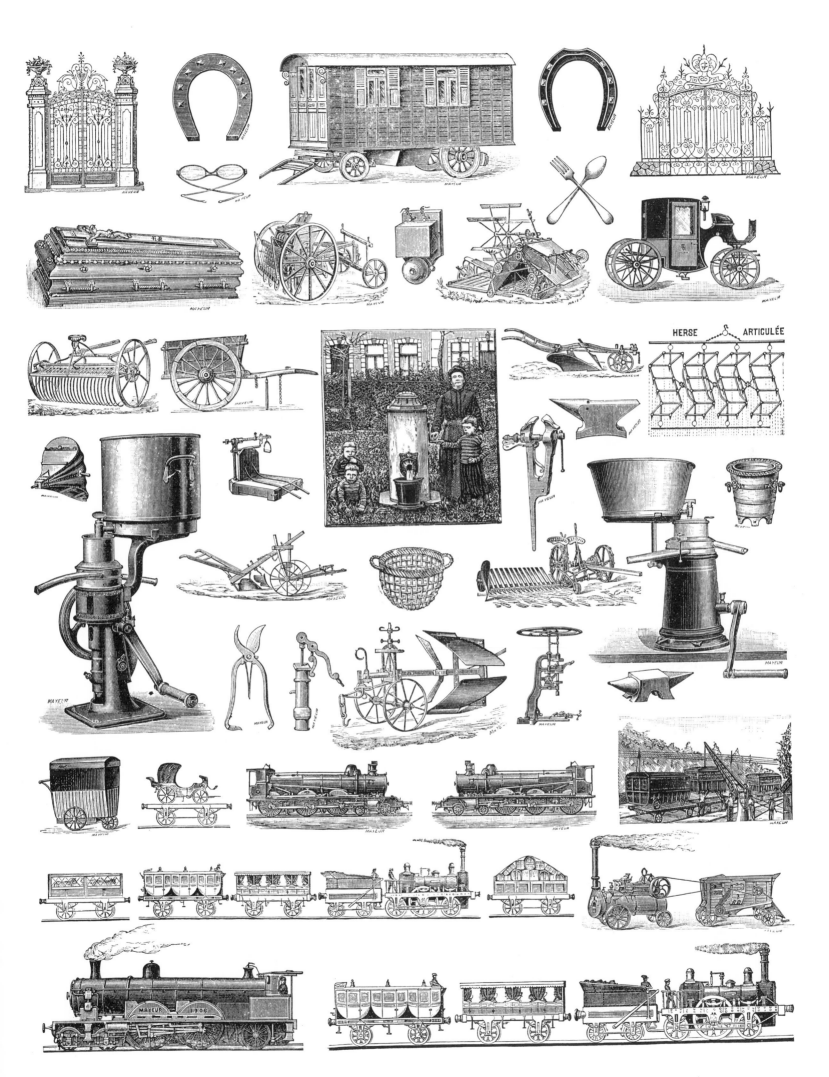

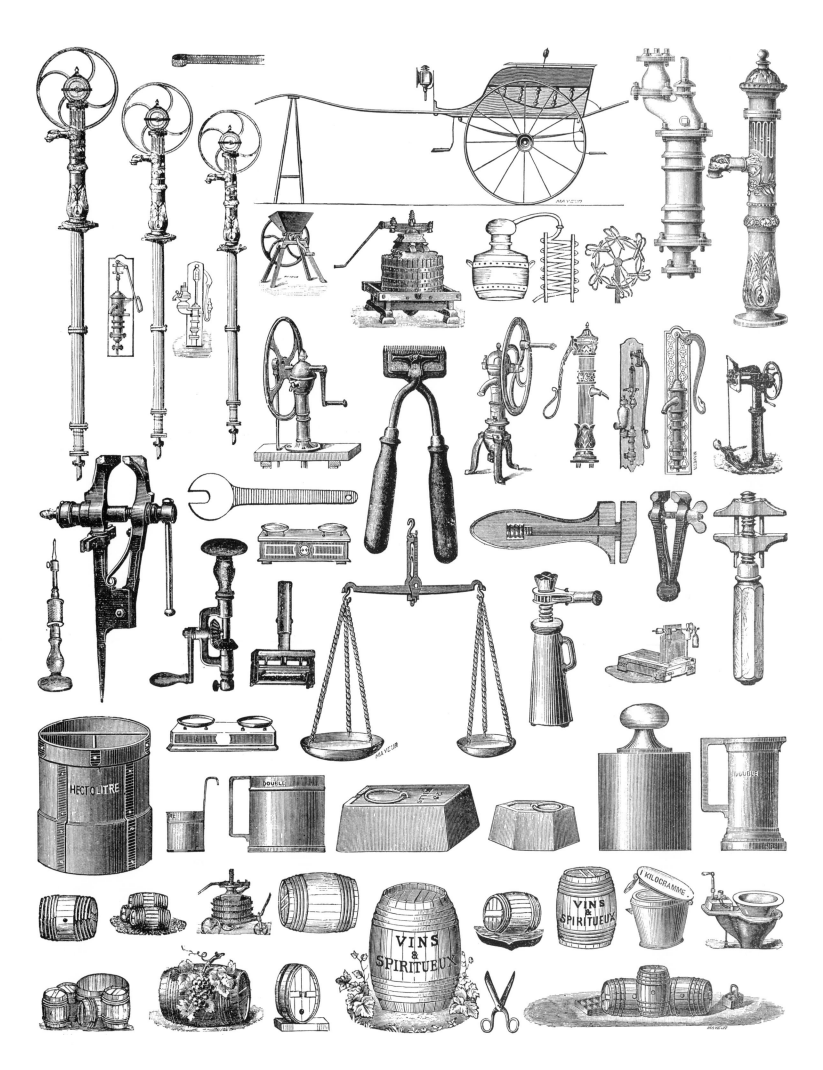

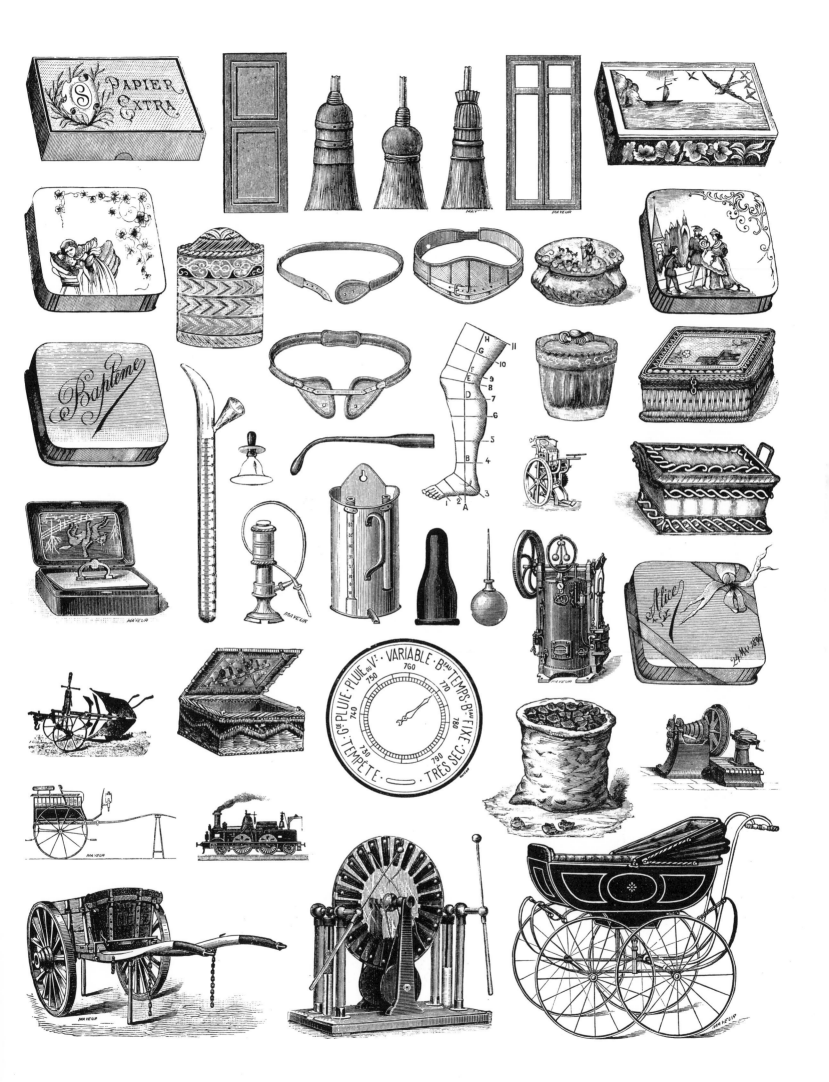

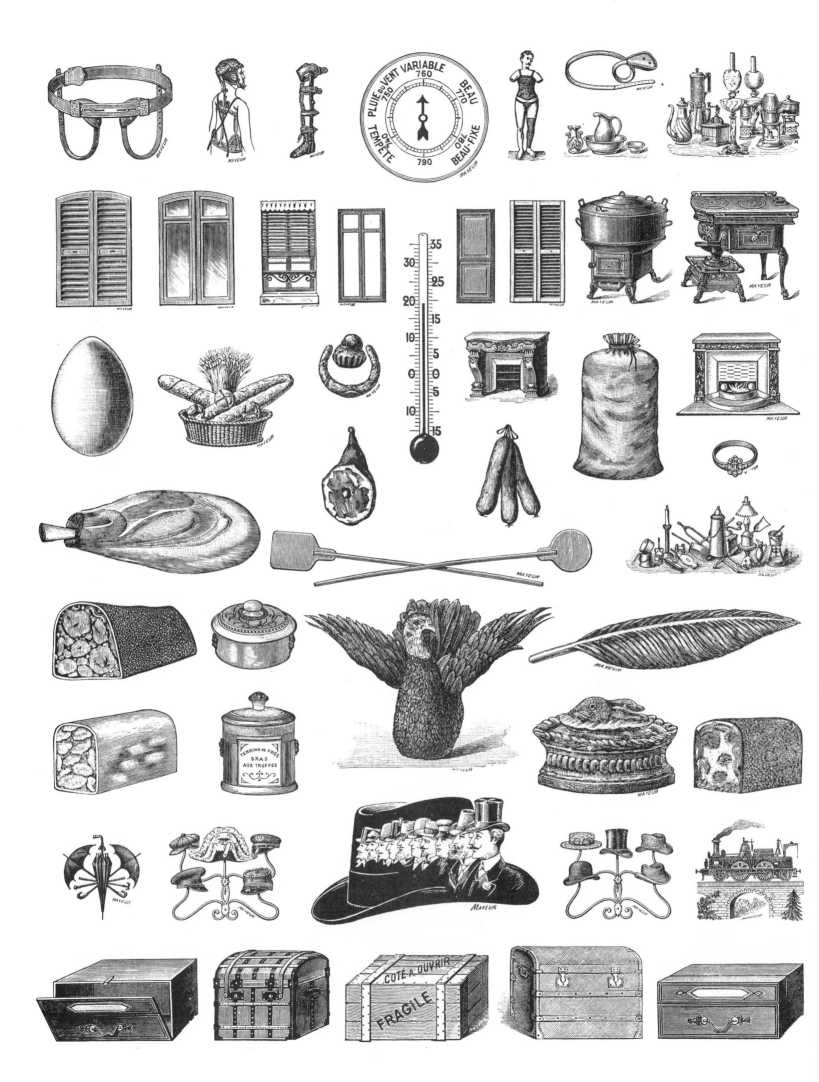

Olivier

Houblon

Pommier

Pêche

Houblon

Plantes médicinales

CAFÉ

MOKA

JAVA MARTINIQUE

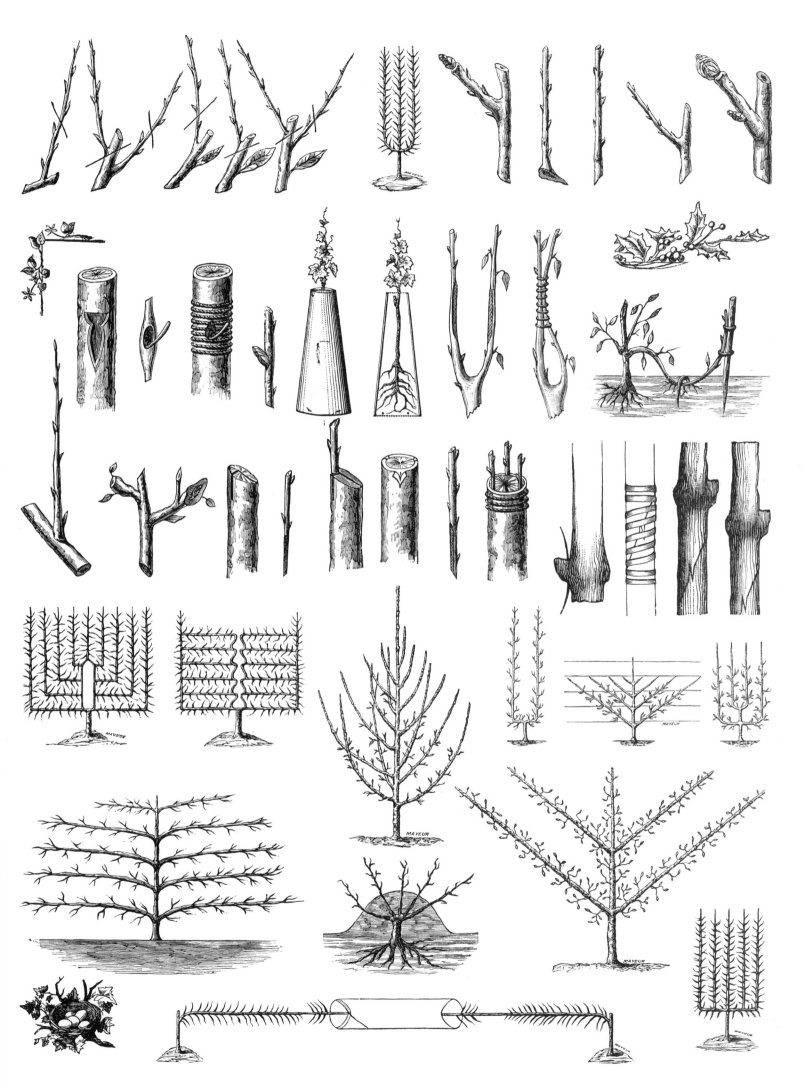

Gui

Noix

MAYEUR

Marguerite

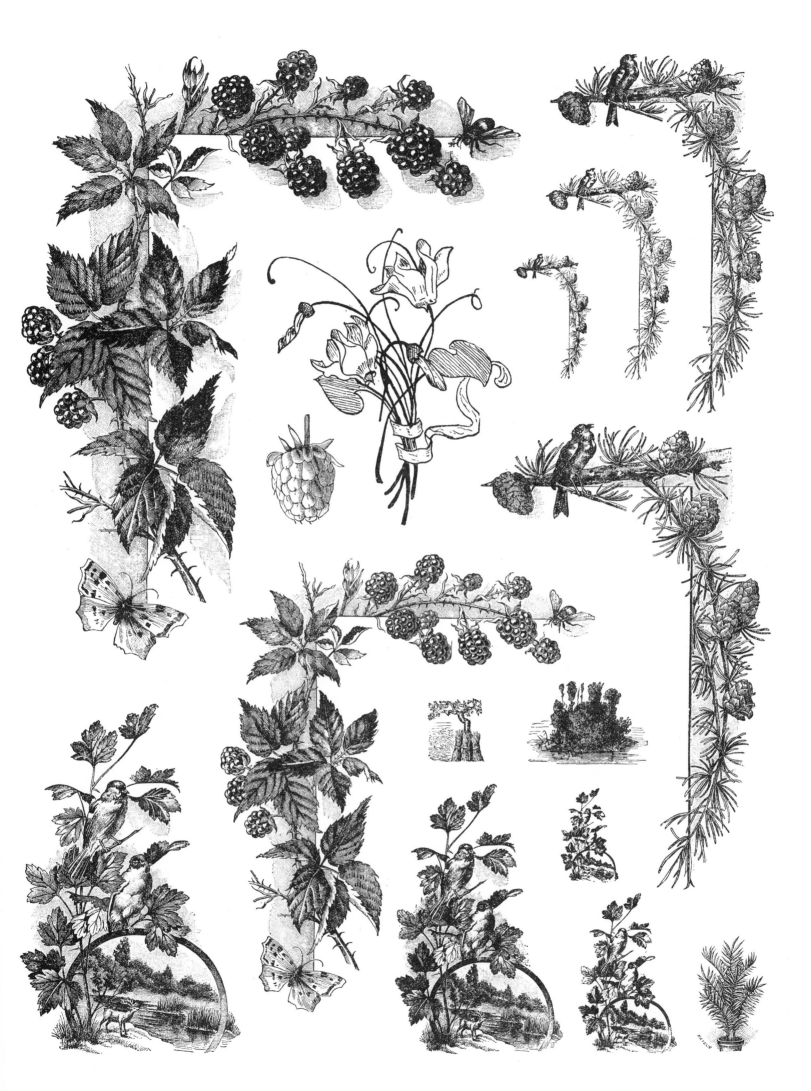

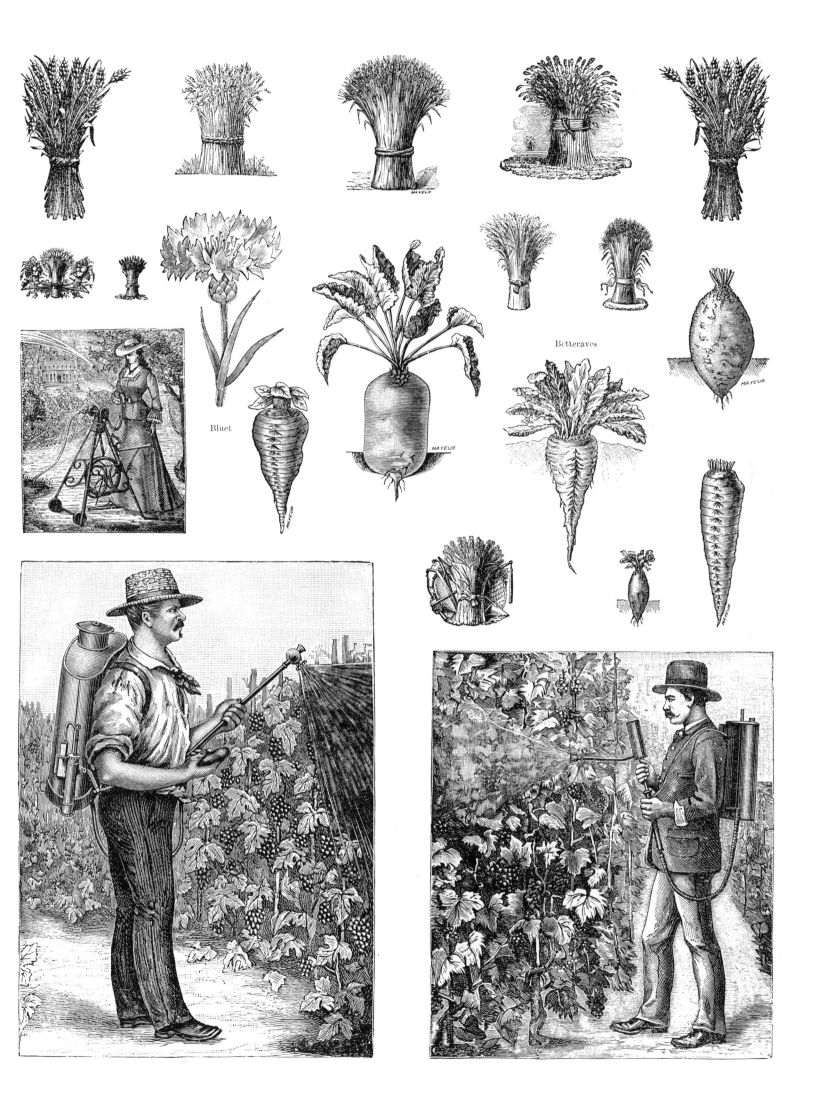

Bluet

Betteraves

Marguerite

Pensée

Marguerite

Glands

La France

Fraises

Trèfle à 4 feuilles

Roses trémières

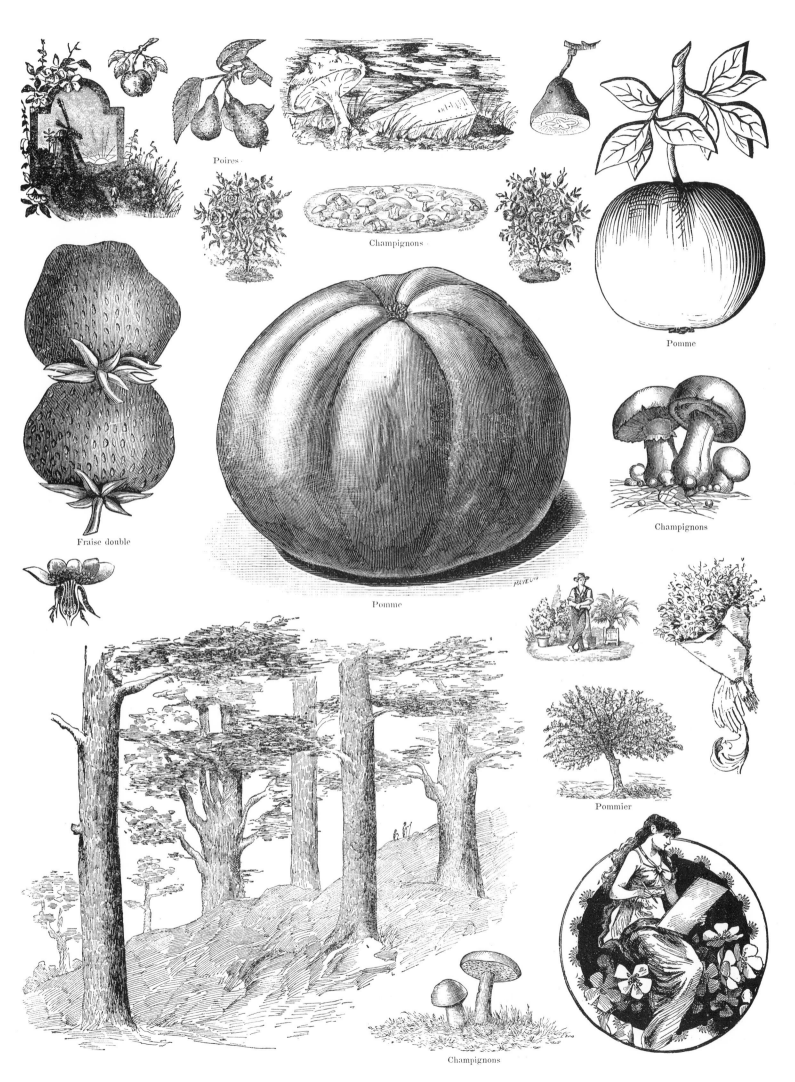

Poires

Champignons

Pomme

Fraise double

Pomme

Champignons

Pommier

Champignons

SIGNAUX MARITIMES

FRANCE

Avis de tempête

ANGLETERRE & ALLEMAGNE

Avis de tempête

Terre-Neuvien

Le Cheval noir seul

Faisan

Grue

Vautour

Aigle

Lynx

Serpent -

Lévrier -

Renard

Mammouth

Renard

Musc

Faucon

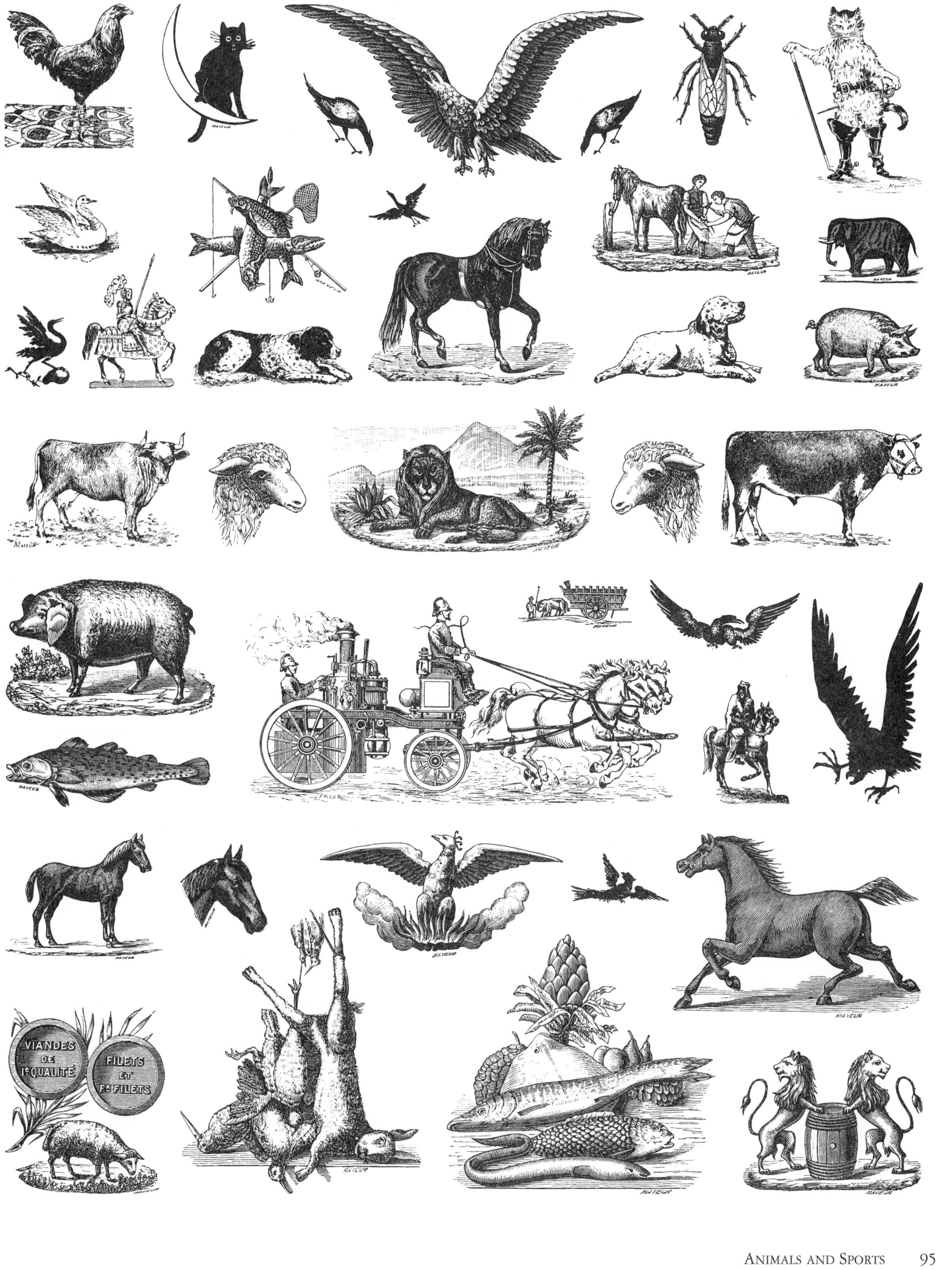
VIANDES DE 1re QUALITÉ
FILETS ET Fx FILETS

Jeu de boules

Combat de coqs

Pigeon voyageur

Carpe

Brochet

Phoque

Bréme commune

Gardon blanc

Faisan

Truite

Caille

Martin pêcheur

Foot-Bal

Pigeon voyageur

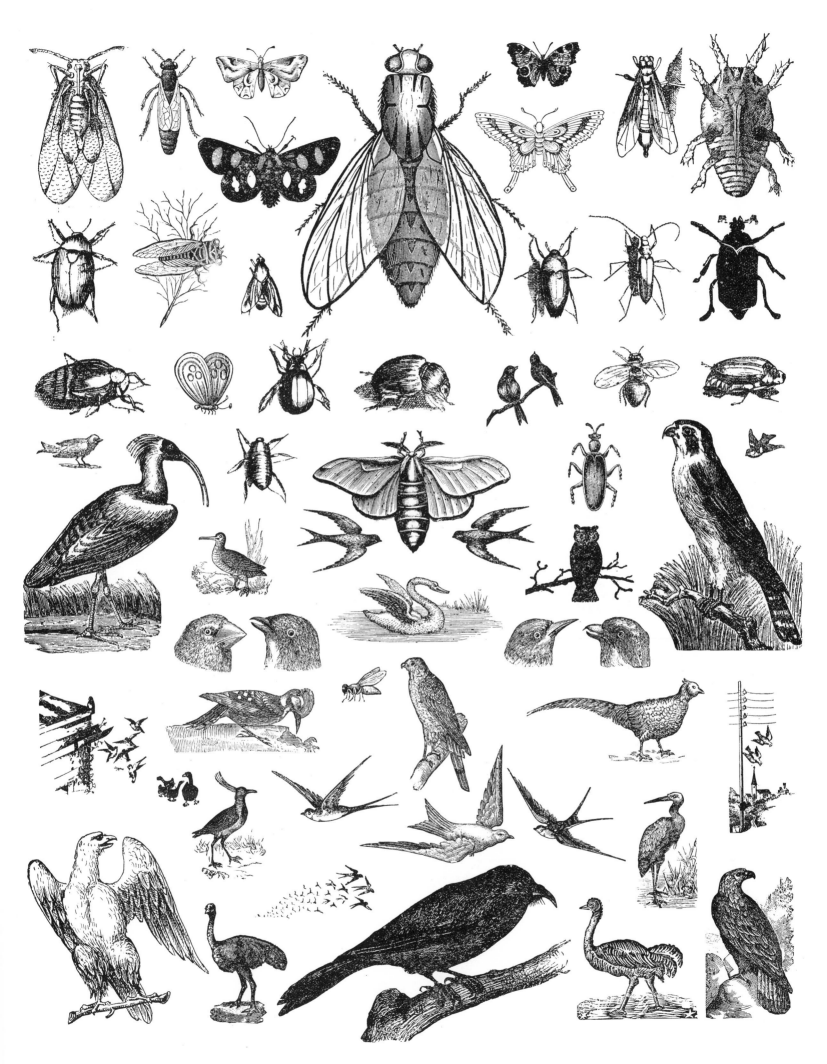

Singe grimpeur

Abeille

Bécasse

Pigeon voyageur

Salangane

Tir à la Boule

Crevette

Jeu de Bouchons

Mayeur

VIANDE DE 1re QUALITÉ

FILETS & FAUX FILETS

SPÉCIALITÉ DE
PRÉS SALES

BUFFLE

CHEZ MOI
TOUT EST EXTRA